I0839482

```
E H T Y A F F I R M A T I O N J C A B V J
Z F M I B R X R S X T F I S U O G E J I S
C N Q N U O E Q Q U H C Q F H V L U B P X
S L Y W N E L A Q V P Y K S T B D T A R J
S V I A D V A N T A G E I N A S X E C A G
W K V P A D Z N X N Z L E R T Y J A C Q W
T G J P N F M Y I A P M O I M B A C O R J
E I Y R C W C Z M M E D Z R S W W H M Z A
O K S E E E A A O V A L I V E Z A I P T U
P X Q C R M I C E R E F L T C V K E L P T
L M D I A F C I A Z F V Y P M F E V I M H
E D M A K A H Y C A W E S O M E N E S S E
B D C T C C J C T C T A S T O N I S H L N
A B G I A C P P I T P T I A D J U M M A T
Y K G V D L E G V I R M R E O O Q A E N I
T M A E C A N P A V O D S A R S N X N C C
T D T G J I K A T E J U N O C E W O T E I
Q R T U R M P C E E M O M U G T A X T S T
L N A S C E N D L A D A P T A B I L I T Y
I I I Z Y D E T B L W V C Q J O A V F R U
S M N Q Z A J Z W A Y T X S P E I P E Y Y
```

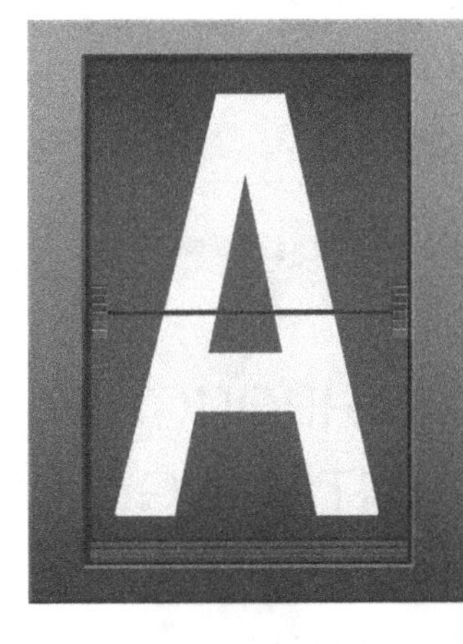

ABUNDANCE	ADMIRE	AMUSED
ACCEPTED	ADORABLE	ANCESTRY
ACCLAIMED	ADVANTAGE	APPRECIATIVE
ACCOMPLISH	AFFIRM	ASCEND
ACCOMPLISHMENT	AFFIRMATION	ASTONISH
ACHIEVE	AGREE	ATTAIN
ACHIEVEMENT	ALIVE	ATTRACTIVE
ACTIVATE	AMAZE	AUTHENTICITY
ACTIVE	AMAZING	AWAKEN
ADAPTABILITY	AMOROUS	AWESOMENESS

Z L Z G A F F J J E D J U C G K W F U B L
W R B E I N G N R S D G G G K O C W D X R
H N U R H Y W K T M N I J V G U I T L H A
X X B E A U T I F U L D U N M O L W D Y Z
D Y B O Q V F B N R E O I C B U I N X W F
A J L E D E E F I I M K X M F E O Z G C B
Z G Y U N Y X L V Y A K A I T Y L W H O O
W H V E E P U T Q T E C T H E J D I B R L
X U B Q G F G O H C L N G B E L O V E D D
B R R Z H J Y T N O U I K E R H J C V N
N W E S I S A A V O R H X L M M E Y O W E
E V A W X E I Y B B E C K O N H A J M B S
Z B K H R L O S L W O V S N Q D O N I E S
I L T B L E S S I N G S H G H T E C N N J
T U H I O B V G S J O E Y T I J U G G E J
P E R X V O C L S L A G R B K J I T R V R
I B O N C N S G B E G I N N I N G T P O E
L E U R B D M T D L B B S X E F B Y E L X
N R G Z X I U M E B U I B B A L A N C E S
U R H T P N B E Y R V E B S O U Q X X N W
J Y S Y K G I I W J K P U E J P H T S T H

BALANCE	BENEFITS	BOLDNESS
BASHFUL	BENEVOLENT	BONDING
BEAUTIFUL	BENIGN	BOOSTER
BECKON	BEYOND	BOUNTIFUL
BECOMING	BIRTHDAY	BRAVE
BEGINNING	BLESSINGS	BREAKTHROUGHS
BEING	BLISS	BREATHTAKING
BELIEVE	BLOSSOM	BRIGHT
BELONG	BLUE	BRILLIANCE
BELOVED	BLUEBERRY	BUBBLY

Z D T V R R P Y S E V P F C Y C L E S W N
N X C F W E C U D D L I N G T H K G C G X
L U D H G C O O C H A R A C T E R V A H Z
V F C N C H M Y N K A W I U M E K C P Q Z
U C A H H E P Q O N C H A R I S M A T I C
C H N L A E A Y H C O O C B Q Y B R I O O
C I D X K R T C M O M I U Y F X C D V L M
Q V L W R F I X E G P V S R T A O I A X P
D A E N A U B T A N A T C S T L M N T J A
I L S T S L L D Y I T G H C E E F A E M S
G R X S S J E L N Z I E A I E U O L X F S
E O J M N S U Y C A B X R V A U R U U B I
Y U X N N F E I L N L G M I C J T Q S G O
S S V A R Q A S I C E F I L E T A H I T N
X N E O V O Q Z C E R Q N I L O B J O Z A
F L L N J K N K X H V Y G Z E H L Z L O T
C O L L E C T I V E W M S A B F E U S H E
C O M P L I M E N T M L H T R B J R Q R L
D S C W E V K N I X R J J I A B Y Q O K Z
U N W V W B B O X M Z S X O T L T M D C F
C C O M M U N I C A T I O N E H S S L Z X

CANDLES	CHARISMATIC	COLORFUL
CAPTIVATE	CHARITY	COMFORTABLE
CARDINAL	CHARMING	COMMUNICATION
CELEBRATE	CHEERFUL	COMPASSIONATE
CENTER	CHEESY	COMPATIBLE
CHAKRAS	CHIVALROUS	COMPATIBLE
CHANGE	CIVILIZATION	COMPLIMENT
CHARACTER	CLEANSED	CONNOISSEUR
CHARISMATIC	COGNIZANCE	COURTEOUS
CHARITY	COLLECTIVE	CRYSTALS

Y D A I N T Y G I K F N T O Z G U M C L J
Y Y I B T D H Q D I P L O M A T I C L F D
D N L G P I X Y I T K A Z N G R T D L J E
L A Q K N V N O S Z T C K L X D J B L U P
P M R I O I R D C S U D E S I R A B L E E
T I N L T N F D O U G H T Y M C T P M D N
Z C D S I E S I V T Y A A M K J S R D U D
R C E B D N D D E L I C A T E Z Q B E T A
Z D O S R I G I R D E N L S P R Y D L I B
Y I A L G E S Q Y K H E G E I D A Y I F L
K V F Z P D E C I S I V E X N A Q S C U E
P I N V Z D E T E R M I N A T I O N I L A
T N A T I L E V O R M D D E V O T I O N H
K I V G L D I S T I N G U I S H E D U E G
K T M M Q V R N E U L M S A V Y Q I S S L
S Y H L C W B I G R Q C E K L E M E X S B
M Q R B Q C D U V I V N N N E I R B U S K
D I S C I P L I N E D I I V T J T S L X C
H D E V E L O P M E N T N B F O T Y I Q I
V X I P P I E T R D E L I G H T E D I T N
E Q J T Y Y U H X S C R U M E J J Q W B Y

DAINTY DESIRABLE DISTINGUISHED
DANDY DESTINY DIVERSITY
DARLING DETERMINATION DIVINE
DAZZLING DEVELOPMENT DIVINITY
DECISIVE DEVOTION DOTING
DELICATE DIGNIFIED DOUGHTY
DELICIOUS DIPLOMATIC DRIVEN
DELIGHTED DISCERNMENT DUALITY
DEPENDABLE DISCIPLINED DUTIFULNESS
DESERVING DISCOVERY DYNAMIC

G E P A U R P E N C O U R A G E M E N T X
Q N X C E N C O U N T E R E X C E L E O X
D E S P E C I A L L Y F W N N H B F N E Y
Y O R G N T H Y E E J F K T U O Q J L N S
N P K E U E T X S P T E E H B E U U I C D
K F R L J I Y J S M Y C C U Y N Q G G H A
K S O N L H J M E N N T C S G E N W H A X
N V J A T B H S N X S I E I C R E Q T N E
E Q U A N I M I T Y P V N A W G T N E T V
H Q P Q U Z Y V I S T E T S S E C X N M W
E M U R J E C M A O Y L R T G T W E M E W
E A R N P C X Q L U V Y I I T I I E E N A
V N N Z Z N F C W T T G C C E C O X N T A
F U D Q Z E N T E R T A I N I N G P T J W
X L U U O S I U O L H Z L F B R C R J E A
Y T X O R Y W F H M L N F I G Z Y E B C F
Q S U W K A F Y L E T E R N I T Y S C F E
S O T V B E N J O Y M E N T X K A S G A S
E S O T E R I C I S M K L T E T H I C A L
Z P Y H F M I W E G W F E M O T I O N A L
K Z P H P A H U I E X C I T E M E N T T E

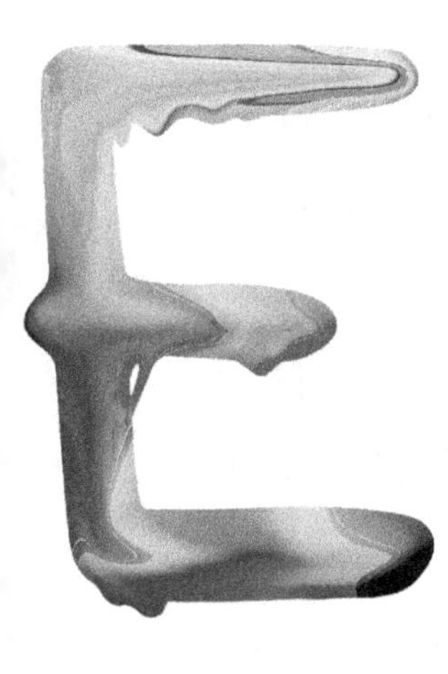

EARN	ENDURANCE	ESPECIALLY
ECCENTRIC	ENERGETIC	ESSENTIAL
EFFECTIVELY	ENJOYMENT	ETERNITY
EFFICIENT	ENLIGHTENMENT	ETHICAL
EFFORT	ENOUGH	EVOLUTION
EMOTIONAL	ENTERTAINING	EXCEL
EMPATHY	ENTHUSIASTIC	EXCELLENT
ENCHANTMENT	EQUALITY	EXCITEMENT
ENCOUNTER	EQUANIMITY	EXPERIENCE
ENCOURAGEMENT	ESOTERICISM	EXPRESSION

K H A V L X L Z T F A N T A S T I C K F H
F U F J D I C F U T U R I S T I C A K K Y
X L G V N P L O F F O R G I V E N E S S C
F F C G N C Z R R A O L G P B L Z S U F Q
Y R H J L V F W E V V U G P H U E C N F A
I E E D K E B A S O X O N K F L O W E R S
I Q H E D A S R H R R F R D R F X W S E B
P U L E D I F D Z E D X K A A R K F F E N
U E M A C O A A Y D R I E V B T K A R T N
P N F X I U M T S G Q F L O W L I T I H Q
H C L F J X I G F C B U T V A E E O E I G
H Y A O A L L R G Z I N C U I O R P N N O
P F V R I T Y A H A E N B W H Z E X D K G
Q O O T B D E V Q M O Y A H Y G Q E S E P
D R R U J G P U L O F A I T H F U L H R M
S E F N Z D F L A W L E S S I B R I I P F
F S U E D F I O B F E M I N I N E A P J B
A I L F V F G E U G T I Y L L E G R U G M
K G R E L H M Z L N A J E T S P E G B I B
T H N U K S L F U D G W K N I Z B Q I E T
N T F A I R Y T A L E G K T D K C A Q I H

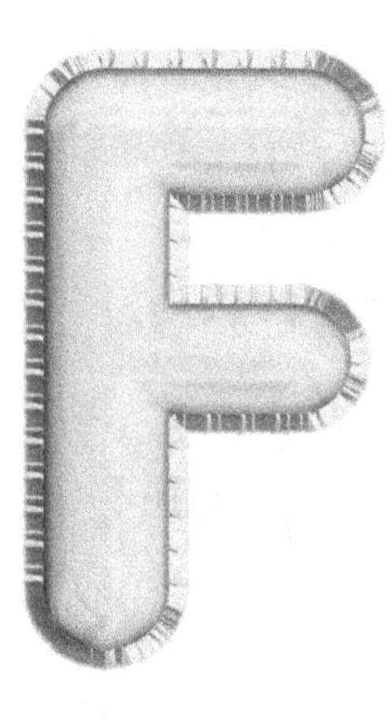

FAIRYTALE	FERTILITY	FOUNDATION
FAITHFUL	FLAVORFUL	FREEDOM
FAMILY	FLAWLESS	FREETHINKER
FANTASTIC	FLOW	FREQUENCY
FASCINATING	FLOWERS	FRESH
FATE	FOCUS	FRIENDSHIP
FAVORABLE	FORESIGHT	FULFILLMENT
FAVORED	FORGIVENESS	FUN
FEARLESS	FORTUNE	FUNNY
FEMININE	FORWARD	FUTURISTIC

N U Z X C R U V G R A T I F I C A T I O N
U T N J A K H A P J E H M S I P E L B R Y
J E G X H N I O V G S E R C U G R O W T H
H M R I L F G K C A G O R G E O U S I P H
E F O W D G O M F T E O E V M A Z S L Q X
L A U A G E U L O E N G L O R Y O O G I M
O X N V O N J I X K E K X D B R Z N C B A
R L D J U E G U D E S G R E E T I N G S B
Q O B W R A R E Q E I T U N H N B R O T F
J Q R A M L O T N P S V E R E S H F T D I
T X E K A O U B X E K G Q D U F Z Q G K Y
A M A W N G N U S R R L R Q U R I Q S S I
C H K F D Y D U Z E E A B A X I U Y C G G
R J I Q I A I I U O G M T D T G B I T R I
V N N P Z N N Z L Z R O D I F I T R T E U
C L G G E V G M E M A R A Q O C T F O A Q
C G D G E N U I N E T O Q L A N A U W T D
P C A R R O W D Q P E U C L S M J R D N S
O Y O A O A P C Y C F S A Y G R O O V E T
L N T N F K C I V U U G U A R D I A N S Y
G C C D R U N E P C L E X C A G N V C S E

GALACTIC
GARDENING
GATEKEEPER
GEM
GENEALOGY
GENERATION
GENEROSITY
GENESIS
GENIUS
GENUINE

GLAMOROUS
GLORY
GOALS
GOLDEN
GORGEOUS
GOURMANDIZE
GRACE
GRAND
GRATEFUL
GRATIFICATION

GRATITUDE
GREATNESS
GREETINGS
GROOVE
GROUNDBREAKING
GROUNDING
GROWTH
GUARDIANS
GUIDES
GURU

H E R B A L E Z L V C W M K T R W U Y Z B
L A U M Z D A A D R P A J A H T Z H Q J E
E S P J K E U Z U I G S I J C E T G N F A
Z D E P J T F K O Z M Y B H O L I D A Y S
P S K D I H S H E A R T B E A T P H S A H
P M E B V N T K I O G F X E E U L T O H A
Y Q A G Z V E M T N Z W H F N U T T O O R
I H F C K P Z S I V E L N Y F I P V B M M
I B I H V D I M S L M B S E U U T E Y E L
K Z L C E H O R O S C O P E S F C P H B E
D D M M P C U X J N D O H R F R P X O O S
N D O F E M X K X T H A N D M A D E N U S
A H U M A N I T Y S U E U H H A R M O N Y
E C O A B N N G K S M H A X U F P I R D T
M H E A R T F E L T O E Y L M M R H A U X
I T B P H O B B Y H R A C V I A B E B R G
U Z F U F K C E U E U V Q V L N I L L M P
T L U Y A I N O L A Z E Y I I P G P E Z K
G Q F C H O I U T R O N H A T Q N F N C U
Y W D L H O S P I T A L I T Y L S U A P U
D V J S I Z G E F Y A Y W D O O N L Z R W

HABITUAL	HEARTY	HOMECOMING
HANDMADE	HEAVENLY	HONEY
HAPPINESS	HELPFUL	HONORABLE
HAPPY	HERBAL	HOPEFUL
HARMLESS	HILARIOUS	HOROSCOPES
HARMONY	HISTORY	HOSPITALITY
HEALING	HOBBY	HUMANITY
HEALTHY	HOLIDAYS	HUMBLE
HEARTBEAT	HOME	HUMILITY
HEARTFELT	HOMEBOUND	HUMOR

I N T E G R A T E Z I N D I V I D U A L Q
S N X N Z I D E N T I F I C A T I O N Z E
M G F I N T E R P R E T A T I O N S A M B
N L G O I N S P I R A T I O N V T H U R H
U P A N R M H C F X N I N F L U E N C E C
K K H O U M A U N O Y D X U Q U R Q I H I
U W Z F R K A G I T I N T I M A C Y R E N
N I N N O V A T I O N L P G E B O S R K I
G W T H J W C N I N T E N T I O N S E Q T
F I N T Q A I T L O A S J Z A N N E S I I
H M D F R F Q H L W N T N M D X E W I N A
Y M R E N H Q T U U T R I R X W C M S T T
H U T I A L I D M R M M A O B R T M T E I
D N M N O L N G I T A W T M N T E Z I L V
I I Z T G V S L N Z N I N C R E D I B L E
S T N U F C P X A I N N O C E N C E L I Y
Z Y S I B E I A T W T W B Z U K M U E G L
T L D T N P R A E I Z E I N I T I A T E S
Y Q R I N T E L L E C T V L L D G J D N S
N L K V K T D I N D E P E N D E N C E T W
I N T E R E S T I N G L U E P T A A G G K

IDEAL	INFLUENCE	INTELLIGENT
IDENTIFICATION	INFORMATION	INTENTIONS
IGNITE	INITIATE	INTERACTION
ILLUMINATE	INITIATIVE	INTERCONNECTED
IMAGINATION	INNOCENCE	INTERESTING
IMMUNITY	INNOVATION	INTERPRETATIONS
INCREDIBLE	INSPIRATION	INTIMACY
INDEPENDENCE	INSPIRE	INTUITIVE
INDIVIDUAL	INTEGRATE	INWARD
INFINITY	INTELLECT	IRRESISTIBLE

N J J O Y O U S J D W J O U R N E Y Q R E
T L A O I T X Z E O Z Z U N W T E Y J A P
Y P B H K R E I R G L Z U N Z C E A I A Y
N N B C I E L L Z U A L D P I B M S B R U
Z P E M L L S O U O Y M I T M P N L N T S
Z R R G E Z O T J G V A S N O J E P E P E
C D G J U B I L E E S U E O E U Y R D E E
L U V U I L E J Y R J O J P J S V H X O G
J G K K Q T K A N S A D A R O T S L Y Z A
W J K E F K T D S W C M I Y I J J Z N K
P A E B N N V E N J K L M J R F A A R G E
R M J O B X N I R I F U A E I I M S Z L T
R M O X P I K T G B R S B W D E B M G Z F
K I Y Y C A B E Z O U B L E E D A I S G Y
N N F I Y A R V R X I G E L C O L N A T G
T G U S U J V D M J T W P R K Q A E Q P G
S J L I J E L L Y F I S H Y H D Y X M K W
Y Z N Q S A C Q X J E J O U R N A L I S M
R Q E A Y N L B D P C Y H P W I U D I P Z
Q O S J J U S D Q U K J O Y P O P P I N G
G S S B L J U D G E M E N T Z Y G U V W B

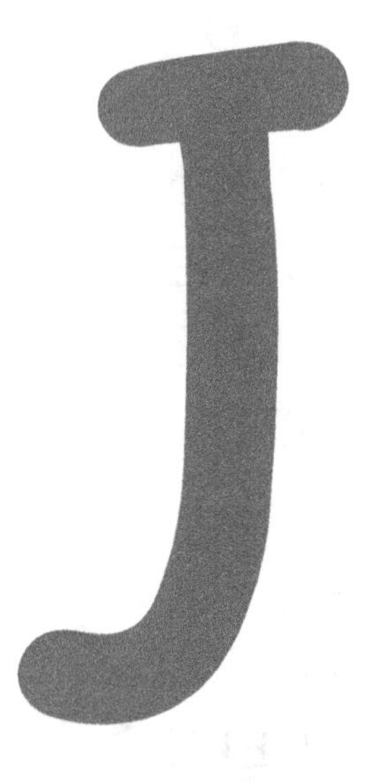

JABBER	JEOPARDY	JOYPOPPING
JACKFRUIT	JEWELRY	JOYRIDE
JADEITE	JIBBERISH	JUBILEES
JAMBALAYA	JITTERBUG	JUDGEMENT
JAMMABLE	JOKESTER	JUGGLE
JAMMING	JOLLINESS	JUICINESS
JASMINE	JOURNALISM	JUKEBOX
JAZZY	JOURNEY	JUNIPER
JELLIED	JOYFULNESS	JUSTICE
JELLYFISH	JOYOUS	JUSTIFIED

V G R X O L E A J G L P U K H H X P R V C
J K A L E I D O S C O P E S K C V B S Y U
J I N F O N F Y X O H G T D I S K N X T V
D T Q O K I N G L Y F C K W K E Y W O R D
V T L V W I P B N S G G Z A K W C O L K T
Q E I X K I N G D O M S T A R Z P Y H X U
D N E D I A N S E K I S S A B L E Q K N B
Z F S A N X N G H C S P J Q U E J T X P T
M K I N D L E G N I E E B T V Z D G V L D
V X S L N T E Y A E P I T K Q W U R Z P Y
E C K O E B F O K R S K R Y L I T G Z C M
F L O M S Y W M X J O S K U D O S A L L D
F D S K S K E M P T Q O J J T F B Y D G K
X I H N A A I G N B O Z W E B U K H D Q J
K T E O D R D N A K U N D A L I N I U C C
P C R W J A M G D A I B B Y Z A O Y D I Y
A B K L P T Z A W R J C D G J J T X Z Z A
Q Q O E K A H U N A E C K A E B T E U V X
G A A D E Y Y F B O V D D Y V S Y I R N D
E L L G Y N Z W G K S L H B B H J Y X Z H
U G A E S K E E P E R F S S V L E B I N U

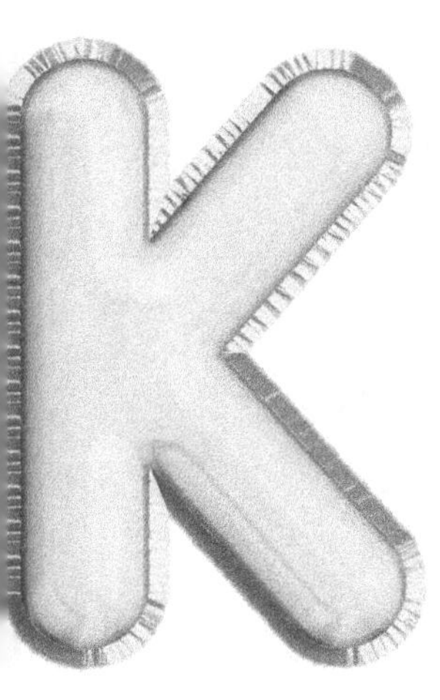

KAHUNA	KEYS	KISSABLE
KALEIDOSCOPES	KEYWORD	KITTEN
KANGAROO	KICKY	KNOTTY
KARAOKE	KINDLE	KNOWINGNESS
KARAT	KINDNESS	KNOWLEDGE
KARMA	KINDRED	KOALA
KEEN	KINGDOM	KOOKY
KEEPER	KINGLY	KOSHER
KEEPSAKE	KINSHIP	KUDOS
KEMPT	KISMET	KUNDALINI

F T K G I A N E O S G Q F Z R K A I L G P
M U A F G G F L C Z T Y R C B G D Z E I L
S T R S S M C O L R T I F N P E A O H T U
L S E Z L I N G U I S T B M F V C S B P S
Z P N D T O L W V Q S P R I U B R O C S C
U N C W M D Q E O H U A L O V E K U E Q I
Y P Q D M N G A H Y W U O T D R Z I Z Z O
J D C H A N H H Z E D F V A Y L C V Z Z U
W Y D R O R R Z K R T A E R D A X B P S S
M O B L A N G U A G E L A I D U V E H P N
I I K G S X L U J Q P N B L A G R N B L E
L A U R E L G A R C I Z L A P H L Z V M S
C O M P U E S R C M H Q E Y R T O K N U S
N W G Y F U P C U L U S T E R E V K T S W
K B R I A O Q L I T E R A T U R E O L A V
E S L U C I D O Q M E Y E F I G L P E Y Y
I S U I A A W Y Q B Y N U E A F Y K G M O
C P N R Q L L A I Y T E L E G E N D A R Y
A B A M M U Z L A D Y U N B O R S M C A E
M J R E J F I A Y C L I G H T B W W Y Q U
F B J J N U J D W T L O V E X H G N W W X

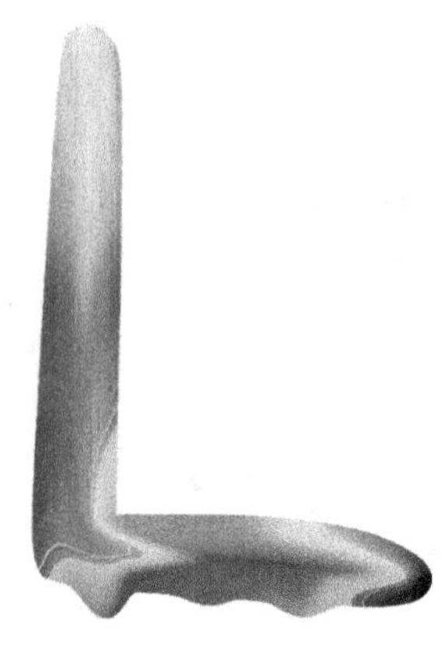

LADY	LIFEGUARD	LAD
LANGUAGE	LIGHT	LOVEABLE
LAUGHTER	LINEAGE	LOVELY
LAUREL	LINGUIST	LOYAL
LEADERSHIP	LIQUID	LUCID
LEGACY	LITERATURE	LUKEWARM
LEGENDARY	LOGICALLY	LUMINARY
LIBERTY	LONGEVITY	LUNAR
LIBRA	LOTUS	LUSCIOUSNESS
LIFE	LOVE	LUSTER

M M E D I T A T I O N Z M Q H D X K M B U
D E T K W T N Q U M Y T H O L O G Y A K Q
L N S R Z E V V T U Y C E U N A M H G O V
L T O H M G A Y M T M S M G S L M U N J N
M O M E N T D P G U M E T A P H Y S I C S
E R V F P O J D V A A I S I R Z Q V F O B
S O P O L U R L W L G B N M C V I C I N D
M A J E S T I C P L N Z L D E S E Y C O I
A J M A T U R I T Y I P P O F R I L E U W
Y K O A A L X L S Y F T Q E R U I V N J N
L G T D S R C Z J R Y W L I U M L Z T E M
M D I B F T Z M A G N E T I C E V M E L O
A M V W F B E E I M A T H E M A T I C S T
L E A R F U U R X R N R W D I N K R S W H
O R T G S D Z C Y P A Q N M Q I P Y S A E
W R I B I L J I M A S C U L I N E Y P R R
I Y O E W C C F N V D I L I U G R N G Y H
X S N X X Q M U S I C A L E K F X E P F O
V F M U U S Y L M M A G N I T U D E C B O
N K W A L T N F D M I N D F U L N E S S D
V Y L L B Y J O M H E T D P Q H I I I O Q

MAGIC	MATURITY	MINDFULNESS
MAGNETIC	MEANINGFUL	MIRACLE
MAGNIFICENT	MEDITATION	MOMENT
MAGNIFY	MELODY	MOTHERHOOD
MAGNITUDE	MENTOR	MOTIVATION
MAJESTIC	MERCIFUL	MOVEMENT
MARVEL	MERRY	MUSICAL
MASCULINE	MESMERIZE	MUTUALLY
MASTERY	METAPHYSICS	MYSTICS
MATHEMATICS	MINDFUL	MYTHOLOGY

K M Z I H O N P G M G I Q W E Z N A Ï V E
R L M L N U R T U R E X H Z Y R O F E L L
M L D A U E J N E L T V G B O Q N O A N B
W S F K R L W P A E E E D B W Z J R P T X
C M A D S C E G D T R A H E N E U T R A L
D L X E E L N W B U I G Y Y B T D W Y K B
P U N U B I P G T K I O H H A G G B T K V
T T A A T N M A O E K A N N S P E T M G S
D G T H F U N O N C H A L A N T M C Q J W
N O G S N I N O C T U R N A L N E W T W W
N I M B U S I K R D U A I E N I N X O K O
N O N P R O F I T M K J N A U A T A O W D
B I T C L Y T D D H A A O Z M F A Y B N F
Z N C E G V Y N S S I L S J E M L S V B I
G R C E W Z U I N N R M T U R Q T R U L L
A T A C N O R M N A R R A T I V E D K I L
B D N H F U R R I R B E L I C A U E G A A
M S K W O A K T C I T P G B A H W I S R S
Y X E N O B L E H Y G A I W L Z F Z U S M
L N R N A T I V E Y A G C E Z T O K S J X
C H O M A U J J M P C W G A A E M M K G S

NAÏVE	NICE	NOOK
NARRATIVE	NICHE	NORM
NATIONALITY	NIFTY	NORMAL
NATIVE	NIGHTINGALE	NOSTALGIC
NATURAL	NIMBUS	NOTABLE
NATURE	NOBLE	NOTEWORTHY
NEIGHBOR	NOCTURNAL	NOURISH
NEUTRAL	NONCHALANT	NUMERICAL
NEW	NONJUDGEMENTAL	NURSE
NEWFOUND	NONPROFIT	NURTURE

O V E R F L O W I N G R H S I D T I O E O
O F V C C E L M T I D E B I Q H O O P O P
H R F Z I T S O N E N E S S B H Y P V P E
S W G I K G Z E W O M N I P R E S E N T N
E Z E A C Z C O I O P A Q U E E V N O I M
Q U F O N I V T P O R A C L E R L N P M I
R Z O O A I A Z T E D I T W E A T E P I N
Z U D M T V Z L V D R I G S M T Q S O S D
J B Y E R Z U A E E Q A B I C G O S R M E
N D S E J C O O T E G O T P N Z H R T W D
G O S N C D K W J I N P K I L A E Y U V X
E B E O R I G A M I O E D A O W L M N R S
O S Y M R U J J O X P N G T Y N K I I L G
H E N E G G E A B B A H U C O B A P T H U
D R R G K O A H M T T E J R R O X L Y Y E
X V H A Z R H N S O P A L E S C E N T K Z
L A O B J E C T I V E R I D F Y X T U V K
U N Y B Q C U M O C G T F N F R L Y B O Q
Y T J A E O D T U O B E D I E N C E L G R
P W R X T Y M U M Q Z D X T Y U R J B T L
P Y B J O P Z O T R B P I R Z N Q X I M T

OBEDIENCE	OKAY	OPPORTUNITY
OBEY	OMEGA	OPTIMAL
OBJECTIVE	OMNIPRESENT	OPTIMISM
OBSERVANT	ONENESS	ORACLE
OBSERVATION	OPALESCENT	ORGANIC
OBSERVE	OPAQUE	ORGANIZATION
OBTAIN	OPENHEARTED	ORIGAMI
OCCULT	OPENMINDED	ORIGINALITY
ODYSSEY	OPENNESS	OUTSTANDING
OFFICIAL	OPERATIONAL	OVERFLOWING

F N Z T T O N G P E X O P R A Y E R N E X
L P A M P O R T R A Y O L O K U Y Q R L E
W E A M A L S V L Z C X E K W T H U U E Y
Z R X S S J A Y E N I V A X I E P F S H D
G F Z B S J Q Y U H Z B S R G J R A B R M
B E X D I I O E F S U P U Q O E E Z P B B
H C B C O Y O S W U S P R G W L T T A T C
I T H P N P L N G P L R E O P P T W R S L
D I P R A I S E P P R N P R O M I S E E P
G O E L T T P J E Q O E I N J N O N S E
A N R X E P I Z H R R E A S Z P E G T H A
E B S F X A R E C I J C C C S O S Z I Z C
C J I P E R S O N L X R E S T S S Z N H E
I P S L G T S A U T U P E P P I N H G J F
X S T T F N V K N D D C B A T T V V M B U
H P E R F E C T J T N O H T F I C E V L L
B Q N S X R Q Q W I Y J L I I V O N U B N
P B C K Q S K J R B T Q D E U I H N H B E
S K E O M H U P B F T E V N C T O Y M U S
P N Z G G I T M X O S L K C H Y Z P C J S
I U F Y W P V T T P E R F E C T I O N W W

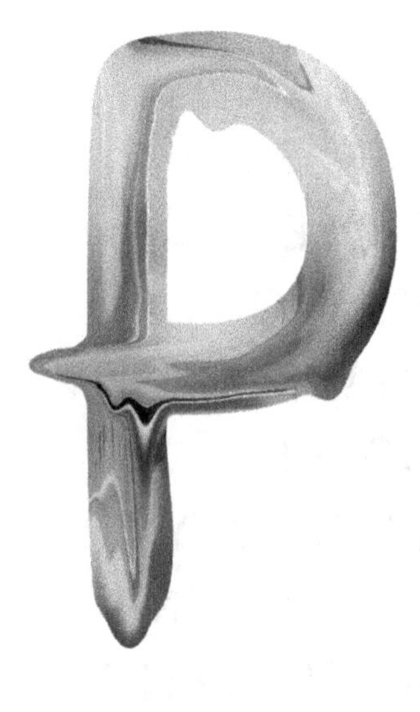

PARENTING	PERFECTION	PRAISE
PARTNERSHIP	PERSISTENCE	PRAYER
PASSION	PLAYFULNESS	PRETTINESS
PASSIONATE	PLEASANT	PRINCESS
PATIENCE	PLEASE	PROACTIVE
PATIENT	PLEASURE	PROMISE
PEACE	PORTRAY	PROUD
PEACEFULNESS	POSITIVITY	PURE
PERCEPTION	POWER	PURITY
PERFECT	POWERFUL	PAL

B V N G G K C M C N C F D J K I Q D C U M
Q U I N T E S S E N C E J D Q U A R T E T
Q U A L I F I C A T I O N A P U F N V E O
Q U I C K I E F Z F V E B D Q U E R Y A Q
V G H E I N Z B I U R I B D U U F O P T O
C Q A G T I S L L G Q O Q G A C I R X E F
J R U V N U A Q D V U E U U R Z E O F U
Q A I Q K U D U C Q E Y A N A A K N T N W
B U Z S Q U E E N Y S C D T N R E V U L T
O T O T G K G N Q Q A Q R M T A T L T N Y
N Q G T G P M C U U D U I R I P H Z I T F
S J H H A U I H I A I A L R N C Q A I W L
B R V B R T Y F V R L L A T E X U L R V F
R A Z O Z T I A E T L M T F D Q A V T C H
N L U Y D K H O R E A M E S L U C P I K A
Z Q U A N T U M N R T Y R M Q E K S A M S
A Q U E S T I O N S T C A N R S K H N H L
G D J I Q U A D R A N G L E S T T E J C U
V M K F R G W H Z Z F V N M U G J G T J K
M Q U I C K S I L V E R Z Z Z D D C G R G
O O J Y F Z Y I U M F G R L C S U Z L W Z

QUACK	QUARANTINED	QUICKIE
QUAD	QUARTERS	QUICKSILVER
QUADRANGLES	QUARTET	QUIETLY
QUADRILATERAL	QUARTZ	QUIETUDE
QUAINT	QUEEN	QUILTS
QUALIFICATION	QUENCH	QUINTESSENCE
QUALIFIED	QUERY	QUIRKY
QUALITY	QUESADILLA	QUIVER
QUALM	QUEST	QUORUM
QUANTUM	QUESTIONS	QUOTATIONS

R E D E M P T I O N N R E V O L U T I O N
H R E S P O N S I B I L I T Y U T H I G E
G C I H O P Z R E M I N I S C E N T I U G
J U H K K J T R E A S O N A B L E L T R K
Z Z Y I K Z O E E R E I N T E G R A T E W
R R N N P T A S H S W W R E F R E S H N P
Y E O R S R B T H C E L B L J R V W D A X
K S M E Z R E T R O G R A D E E E W O I W
E O R E J U V E N A T E V H E C L Z X S P
S U E I M M U E G C X C P A K L A R U S R
L R L U G B C U R S C I X N T A T O R A E
X C A W B H R R C E H P S P D I I M E N S
P E T D S A T A E S C R R H U M O A G C P
O F I U B I U E N C I O E H U J N N R E E
L U V L J L P O O C E C G W X C W T E T C
H L E U H C I W M U E I Z N A X Q I S O T
C J L X T T M R F I S T V S I R J C S I A
O F Y C A N P R J D N Y S E B T D W I G B
R E F L E C T I O N J N M L Y P I S O I L
X R E T R Z R E I N C A R N A T I O N N E
R R X T J P K R E S U R R E C T I O N N L

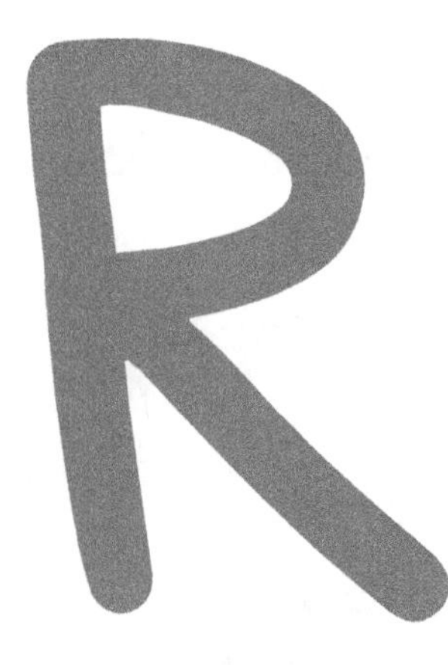

REASONABLE	REINTEGRATE	RESPONSIBILITY
RECEIVE	REJUVENATE	REST
RECIPROCITY	RELATIONSHIP	RESTORE
RECLAIM	RELATIVELY	RESURRECTION
RECOGNITION	REMEMBRANCE	RETROGRADE
REDEMPTION	REMINISCENT	REVELATION
REFLECTION	RENAISSANCE	REVOLUTION
REFRESH	RESERVATION	REWARDS
REGRESSION	RESOURCEFUL	RIGHTEOUS
REINCARNATION	RESPECTABLE	ROMANTIC

Z U T S V V S S N V Q C C Y P U L T E L Y
O K V Q Y S V O E V E A Z B L Z W H V G P
G S O O T H I N G C S R A S E N S I B L E
R P L W B C L M A F D K V K P C V D P Y D
U O A Q S W R L P V O Q S C B E I Y F D Y
T N G O Y T O S K L U X J O Y S C P E Q J
E T T R M S A G A C I O U S L W D T V Y S
F A B S P U P M U I W C S A V I O U R X E
F N Y H A P J I I S W E I F S R T A M U A
J E O A T E P W R N E S O T I A U U W Q M
S O E R H R C R X I A R E H Y T C X D I L
Q U B I Y N B H S R T M E Q C F V R S E E
M S O N E A S O U L F U L N U Y Z B E O S
K M E G Z T Q E V I U Z A O D E J P R D S
F F A Z X U A B F L C S D L J I N T E R B
J S A M A R I T A N B B A U X R P T N Q Q
S A A E S A H E H E V U T G I E I I I W Z
Q F M I R L R Y Y V S E N T I M E N T A L
L E G D N R L I O N U T G A B X S Z Y Y L
N T B H U T P S E L F C O N F I D E N C E
S Y W S K I W S A N I T I Z E A P I F J K

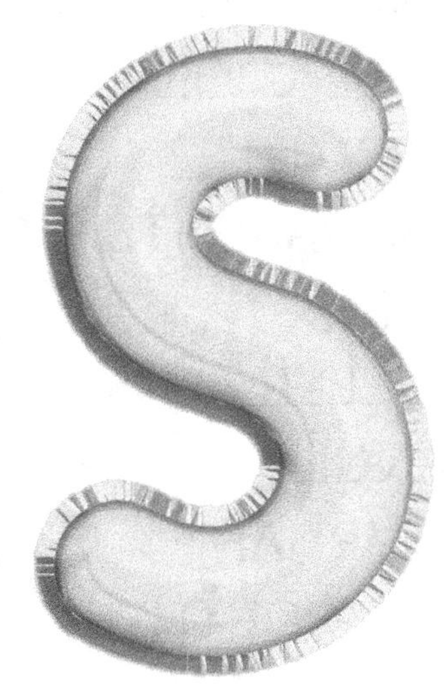

SACRED	SEAMLESS	SOLITUDE
SAFETY	SELFCONFIDENCE	SOOTHING
SAGACIOUS	SENSIBLE	SOULFUL
SAGE	SENSUAL	SPECTRUM
SAINT	SENTIMENTAL	SPIRITUAL
SAMARITAN	SEQUENTIAL	SPONTANEOUS
SANCTUARY	SERENDIPITY	STAMINA
SANITIZE	SERENITY	SUPERNATURAL
SAVIOUR	SHARING	SURREAL
SCION	SIMPLICITY	SYMPATHY

Y V T E A C H E R T H A N K F U L N E S S
D T T R A N S L A T I O N Q B Q P D Y A X
K E E R A T T E S T I M O N I A L R Q V T
G L N M A N R H Z G T P O M N T O F P K E
F E D T P N S A J B K D J X X E C Y C R L
M P E R R E S C N A T R U T H Y S T U L E
R O R A G A R P E Q J O H T H I N K E R P
U R L V G T N A A N U B O R R Y B V L T A
C T Y E Y A H S N R D I Q A L A A F B O T
Q A H L T A T E M C E E L D X R N E T U H
J T T E X O H P A U E N N I T P U Q R C I
U I R R R Z N J A T T Q T T T B G D U H C
C O I V Z A W R W D R E Q I A Y V O S I A
T N U Q D A P Q M M K I Y O X L R U T N L
T I M E L I N E S S Z I C N H Q C L W G L
R P P V D U M R U T E S T A M E N T O F Y
U B H T E R R E S T R I A L L N M U R Y L
A W A D Q Z X W T R I A N G L E O G T D J
M I N V Q O A T S Z G C T P W Q J K H S L
X M T H O U G H T F U L N E S S D T Y I Z
L E A T R A N S F O R M A T I O N D N U B

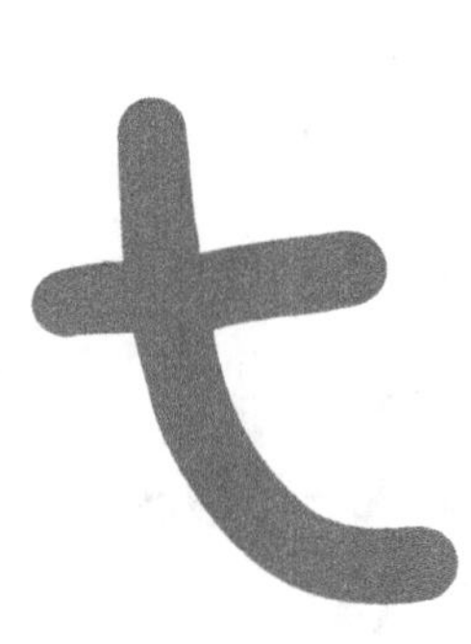

TEACHER	THEORY	TRANSFORMATION
TELEPATHICALLY	THERAPEUTIC	TRANSLATION
TELEPORTATION	THINKER	TRANSMUTE
TEMPERANCE	THOUGHTFULNESS	TRANSPARENT
TENDERLY	TIMELINESS	TRAVEL
TERRESTRIAL	TOUCHING	TRAVELER
TESTAMENT	TRADITIONAL	TRIANGLE
TESTIMONIAL	TRANQUIL	TRIUMPHANT
THANKFULNESS	TRANQUILITY	TRUSTWORTHY
THEATRICAL	TRANSCENDENTAL	TRUTH

U P S C A L E L U N O R T H O D O X Z O L
D N M M I E U N A F F E C T E D Q D U X X
C V C E M G O H I Q U O I S L E U E N E R
S K V O U N F A Z E D Q A U L I L P A A X
R N J U N I F O R M K I F B V B Y N N N H
U P S B C V W A U N B E A T A B L E I W U
U T D Z O U E D F N S T W V R U S U M H L
T U N K N O W N U U T B E O I R N N O U U
X L N A D L M B T E N I K P E U V D U N N
I T F I I W H X G I L L D V V X Q E S B D
W I E Q T G U R M E O M I T B R U F C L E
T M G A I Y O K B N Z N A M L I N E S E R
I A N F O F Z N U A U Z A J I W I A D M S
Q T V L N S U S A B L E D L W T T T Q I T
G E Z U A Z P N I J Y R B C E M E E U S O
X D J P L P L X I O R L H A M N D D J H O
E N L B Y V I I G Q Q I U N D I V I D E D
T M J E K Y F P N X U N A T T A C H E D R
V N P A Z A T G U N D E R S T A N D I N G
G N E T M L J G M M Z F L F D G W F D O J
X F N P C X J I Q Z U E N F R H E U E Z N

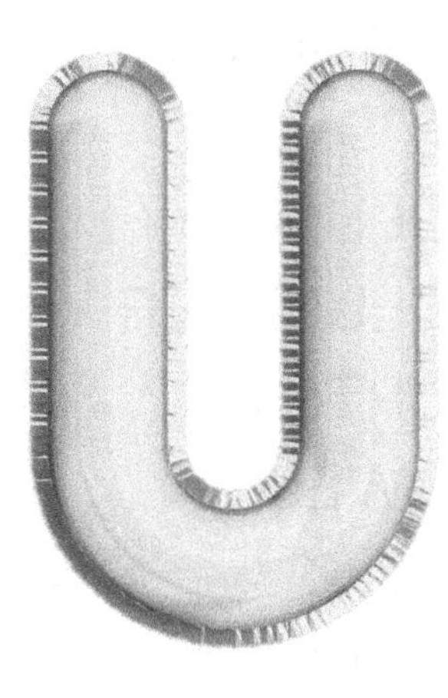

ULTIMATE	UNDEFEATED	UNIVERSE
UNAFFECTED	UNDERSTANDING	UNKNOWN
UNANIMOUS	UNDERSTOOD	UNLIMITED
UNATTACHED	UNDIVIDED	UNORTHODOX
UNBEATABLE	UNFAZED	UNVEIL
UNBELIEVABLE	UNFORGETTABLE	UPBEAT
UNBIASED	UNIFORM	UPLIFT
UNBLEMISHED	UNIQUE	UPSCALE
UNCONDITIONAL	UNITED	USABLE
UNCONVENTIONAL	UNITY	USEFUL

E	Y	J	D	S	K	G	V	E	R	I	T	A	B	L	E	K	B	Q	E	E
U	H	V	I	G	R	Z	V	I	S	U	A	L	I	Z	E	R	G	N	X	N
D	J	E	X	J	E	E	O	A	C	Z	N	J	E	L	M	Z	Z	R	C
Q	C	Z	E	T	K	X	Y	N	L	T	R	Z	Z	K	V	C	H	K	F	T
N	M	W	F	V	X	Q	A	R	L	I	O	U	P	V	F	V	H	S	I	D
W	V	O	Z	A	Q	L	G	I	U	A	D	R	W	N	F	A	D	N	C	E
F	G	F	L	L	L	E	E	F	L	F	V	A	I	I	M	Y	U	V	C	H
V	R	H	B	I	R	V	R	F	M	W	I	F	T	O	D	T	M	I	Z	R
R	V	Q	N	A	N	O	I	H	M	V	T	Q	A	E	U	P	C	S	G	E
Y	L	A	Q	N	F	L	M	V	I	V	A	C	I	O	U	S	W	I	R	Z
X	V	V	N	T	P	U	S	O	I	S	L	L	B	V	X	O	S	O	I	B
B	U	E	V	I	S	M	R	F	T	D	I	N	U	S	V	Z	R	N	V	H
L	L	R	R	A	T	E	H	G	O	A	T	X	T	E	I	T	V	A	I	R
T	N	S	L	A	N	Y	T	O	K	Z	Y	D	X	L	S	L	P	R	C	Y
R	E	A	N	A	C	T	O	M	T	R	C	M	N	A	I	R	L	Y	T	I
M	R	T	Z	S	E	I	A	V	I	B	R	A	T	I	O	N	S	C	O	D
W	A	I	R	I	Q	Y	O	G	C	U	V	O	L	U	N	T	E	E	R	U
K	B	L	V	V	I	R	T	U	E	S	O	N	G	S	S	N	P	S	Y	O
M	L	E	K	Z	V	I	B	E	S	C	W	T	E	A	F	L	B	D	C	N
E	E	F	H	I	M	B	V	O	R	T	E	X	V	E	R	S	E	Z	F	K
P	K	Y	W	S	R	A	U	Z	X	S	D	T	L	F	U	C	A	C	N	C

VALIANT	VERSATILE	VITALITY
VALIDATE	VERSE	VIVACIOUS
VALUES	VIBES	VIVID
VANILLA	VIBRATIONS	VOLUME
VANITY	VICTORIOUS	VOLUNTEER
VANTAGE	VICTORY	VORTEX
VAST	VIRTUES	VOWED
VEIL	VISIONARY	VOWS
VERACIOUS	VISIONS	VOYAGER
VERITABLE	VISUALIZER	VULNERABLE

S O N U B W W W W T D Q Q E W I L L O W R W
M K T W I S H U N A A E U S G W I S E J J
M A B I I C T A J E W A T E R H X V L V M
H M N Z J N L I T F R U G H K I I P C S N
R C N A A R N C L E O Z I E K R P V O U R
X G Z R E T B E T K V W Q X M L I N M R V
W I S D O M P N R M Z E O Y B W W I E O K
R W N E V J I O V E D B R R X I W N O O J
A O L O N W W H I M S I C A L N H B W P F
W A C K Y T H R A I G V N I W D O F O J T
M A F G G K I W I S H F U L I V L Y R R V
T I F G P D S G B T C Z N M T I E Y T H Y
F X W F V W K W O O E H W X T S H E H B J
H D Q P L P E I W O R T H Y F E W W W M
K F A U L E R L J W A R R I O R A S H W K
F H B I N Z S L C J E N D N X K R O I L C
X T Z I X W M P B O B A T I K L T P L O T
W M F V T V B O G U M C L E P F E S E R Z
L X Z D C A L W A U Z I X T D D D F S X C
J V J W O N D E R F U L N R H K L F T R G
V M E G H Q U R J C W M M G M Y Y L S K M

WACKY	WHIRLWIND	WISHFUL
WAFFLES	WHISKERS	WITTY
WANTED	WHOLEHEARTEDLY	WIZARD
WARRIOR	WILLOW	WONDERFUL
WATER	WILLPOWER	WONDERLAND
WEALTHY	WINNER	WORKOUT
WELCOME	WINTER	WORLDLY
WELCOMING	WISDOM	WORTHWHILE
WHATEVER	WISE	WORTHY
WHIMSICAL	WISH	WRITER

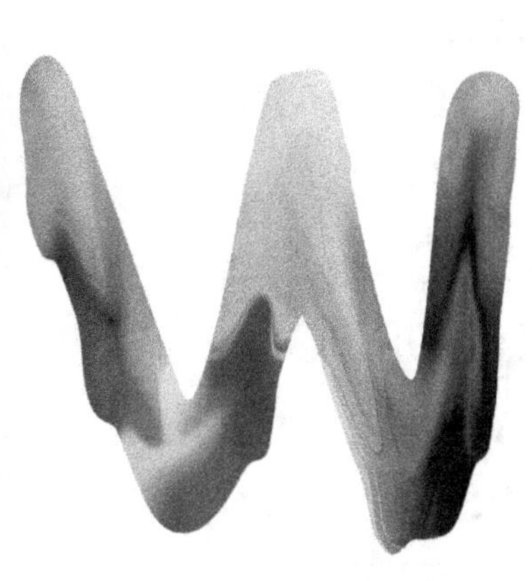

C T Y S J R Y U I J R Y W C V H B R B O G
X Y L O T O M O U S H H B Y Y R E R J J Z
X E N A G O G U E L X Q P P B P F B Y F B
T Y R I O N O N L W B S Q R X E N A S W G
C U S I R A T S A O K J Y T Y H R G M T C
Z W N T S M Y S O J L G V H L X Y L E N E
R I T A U C K N U J F X I M O A E A E X E
P U F F J S A I P Q V F Y J P N T N X X D
C D Q I L F G P T B E A T L H Y N X O A T
R J X R M H B E N Z C P F O O B L O N Z
B R Y Q R J S G O S A T B V N P X E M T D
K B I M R Z S Z X E R O X A I L H X P H L
C O E B C K T H Y Y S R O J S F C O I I F
J Z C I R I Q H S J L X X E T J O N N C X
P T A J R M C A T T F O R G S X Y S T E E
C N X Q B O I Q E L U E I E Y E A C C S W
J I D G D N C F R E S P N D E N V E A H J
R T I O E A X Y L O G R A P H I C D R V A
V T N X E S T U R G Y R P T L A P J P N U
N E A D Z J I E N X E N O L A L I A D A Z
X Y L A N S X E N O M A N I A N A T V B J

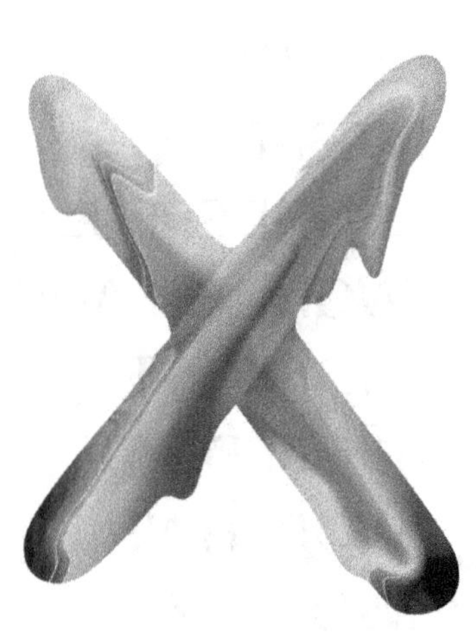

XAERN

XANTHIC

XANY

XENAGOGUE

XENAS

XENIAL

XENIAS

XENODOCHY

XENOLALIA

XENOMANIA

XENON

XERISCAPES

XEROSERES

XEROX

XESTURGY

XFACTOR

XOANON

XOOMPIN

XPER

XRAY

XYLANS

XYLENE

XYLOGRAPHIC

XYLOID

XYLOPHONE

XYLOPHONISTS

XYLOTOMOUS

XYST

XYSTER

XYSTUS

A P O D R W S B Q Y I Y K M Y U M A J B S
R N B B A I Q C H C O A K E A O C T O I S
K P V X G C N N Y O U R S I H G U A Y U W
S Z I O T W J T V S R N K J W Z J N O I O
T N Y O U T H F U L N E S S E E Z I G P D
N H O E X U R L Y F D F U B H D C Y U D Y
I O G V A I X V Y E O M A N R I B Y R Q L
O N A U A S D H O O K T Y O L K R I T E R
K Y E X U Q T O U M U O A Y X G K E L U E
Q D G F S Q Y O N D E R M W E Y E L L O W
F X L K D B O N G R J M S T L N K D J Y O
H H E M T F S D C U Z V E N D D I O M B
O U Z Z J F E K T Y O D E L L K B N G W R
Z G U G F S M X E A E K L J K V A G T I L
H N J N V G I K R C Y E Z Q K N E Y F C W
U L N I M C T S B H A I H G R Y K S Q C P
E J Z G A U E C X T W S P A S B L O H D W
G N V O R Y W R H S N G E P W S G H K C E
E V U G K S F I T X I Y O D E L I N G S U
H B O L X J R X U O N Y E G M E H Z U B W
P H P W G T M X L O G Y E S T E R D A Y I

YACHTS	YES	YONDER
YAHWEH	YESTERDAY	YORKSHIRE
YAMS	YIELDING	YOSEMITE
YARN	YIPPEE	YOUNG
YAWNING	YODEL	YOUNGSTER
YEARN	YODELING	YOURS
YEAST	YOGA	YOURSELVES
YEEHAW	YOGIS	YOUTHFULNESS
YELLOW	YOGURT	YUMA
YEOMAN	YOLK	YUMMYLICIOUS

C Q U Q Y C E Y Z N S N K O O L G Q E N H
U W P Y W W D Z Q M O H R Z I N C E F X M
H X G R Q D Z Q O T K E R N I M Z G Y J B
E C U I T F I O T G Z T Q Z O D I A C A K
U Z T Q A C Z E A L O U S I R E Y N K Q A
L Y L J W X Z I S E M G C R A C C E N R N
L W M Q I P L O P R B U E C Z A G G I N G
W Z D G E C E R N P I P S O H A E I I A G
H W X T I M G D Z K E O Z N Q I F N Z U Z
V P Z R Y M E Q X E I D A I R V N U I A G
R N W Z T N L Z K D D N J A K Y W I T F P
K F P Z O T H O C B S D G I D O H N S P A
U D Q Z Y M O L O G Y M A Q J A A X G L P
F P Z A J Z E A L O L X Q D S O U O N E T
E D L N N E I I Q U F T K O G Z T K V Q C
X T E Y F T S G S B S J Q L B R L D E H W
T U X H P A U T Q E W R R K H T E L Q L P
Z L K V R Z Z J E B Y L B S X R A S V H Y
K P O B F A R F D I N Z M T S W I K C I Q
L P E O F L Q Z N Q S L Q I M E J X F V H
T Z E S T Y G V O Z Y I A A J Q Q N Q N V

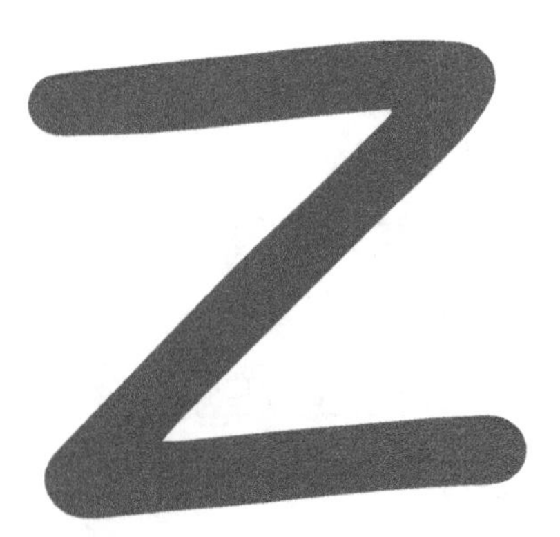

ZAFU	ZESTY	ZOMBIE
ZAG	ZETA	ZONED
ZAGGING	ZIG	ZONKING
ZANY	ZINC	ZOOKEEPER
ZAP	ZING	ZOOMS
ZEAL	ZIPPED	ZUCCHINIS
ZEALOUS	ZIRCONIA	ZUZ
ZEBRAS	ZITS	ZYME
ZED	ZIZZLE	ZYMOLOGY
ZERO	ZODIAC	ZZZ

www.ingramcontent.com/pod-product-compliance
Lightning Source LLC
Chambersburg PA
CBHW080049260726
48658CB00007B/2821